AF313336

CATALOGUE

DE

34 BELLES TAPISSERIES

DES

XVIe, XVIIe ET XVIIIe SIÈCLES

D'après Téniers, autres à sujets allégoriques, champêtres & mythologiques

GROUPES, STATUES, BUSTES EN MARBRE

De Mathurin Moreau, Bracony, Carrier-Belleuse

TERRES CUITES, BRONZES, PORCELAINES EUROPÉENNES & ORIENTALES

TRÈS BEAUX MEUBLES

SALONS LOUIS XVI, DE KRIÉGER

Consoles, Commodes, Crédences, Cheminées monumentales, Billard

TABLEAUX, DESSINS, PASTELS, MINIATURES

PANNEAUX DÉCORATIFS, ÉTOFFES, TAPIS

DONT LA VENTE AURA LIEU

HOTEL DROUOT, SALLE N° 1

Les Jeudi 21 et Vendredi 22 Mai 1891

A DEUX HEURES

Me G. DUCHESNE	**M. A. BLOCHE**
COMMISSAIRE-PRISEUR	EXPERT
Successeur de Me ESCRIBE	*Près la Cour d'Appel*
Rue de Hanovre, n° 6	Rue de Châteaudun, n° 25

CHEZ LESQUELS ON TROUVE LE PRÉSENT CATALOGUE

EXPOSITION PUBLIQUE

Le Mercredi 20 Mai 1891, de deux heures à six heures

PARIS — 1891

CONDITIONS DE LA VENTE

—

La vente sera faite au comptant.

Les Acquéreurs paieront, en sus des adjudications, CINQ POUR CENT applicables aux frais de la vente.

A. MAULDE et Cie, imprimeurs de la Compagnie des Commissaires-Priseurs,
rue de Rivoli, 144.   5oo—15132

Désignation

—⁓⁓⁓—

TAPISSERIES

—

1 — Belle Tapisserie d'après TÉNIERS, représentant des
Fumeurs et des Buveurs assis autour d'un tonneau
et d'autres debout. Bordure jaune à ornements.
Époque Louis XIV. — L. 4^m70; H. 2^m95.

2 — Belle Tapisserie de la Renaissance représentant
la Pêche : Composition de nombreux petits personnages lançant leurs filets, jetant leurs lignes, on voit
un moulin à droite. Dans le ciel, Diane sur son char.
Bordure à figures d'amours, fruits et fleurs. —
H. 3^m37 ; L. 5^m17.

3 — Tapisserie du XVIIe siècle représentant Psyché
implorant la clémence de Junon. — H. 3^m55; L. 3^m.

4 — Tapisserie du temps de la Renaissance représentant à droite un lion combattant un dragon ailé, à gauche un monstre, partout dispersés, d'autres animaux complètent cette composition. Fond de paysage avec monument à colonnades Bordure à têtes de gorgones, figures mythologiques, fruits et fleurs. — H. 3^{m}45 ; L. 5^{m}3o.

5 — Belle Tapisserie du xvie siècle représentant le siège d'un château-fort. Composition de nombreuses petites figures. Jolie Bordure représentant des cartels à figures, des oiseaux, des fleurs et des fruits. — H. 3^{m}35 ; L. 2^{m}6o.

6 — Jolie Tapisserie du xvie siècle, paysage avec nombreux animaux : lions, cerfs, volatiles, etc. Élégante Bordure à figures allégoriques, fruits et fleurs. — H. 2^{m}65 ; L. 2^{m}6o.

7 — Belle Tapisserie ancienne représentant le Sacrifice d'Abraham. Composition de sept figures. Bordure à fleurs. — H. 3^{m}2o ; L. 2^{m}6o.

8 — Belle Tapisserie ancienne représentant une Entrevue sur un champ de bataille entre un sultan suivi de ses généraux et des guerriers occidentaux. Bordure à armoiries papales, attributs guerriers, figures de Renommée, groupes de fruits et fleurs. — H. 3^{m}45 ; L. 4^{m}56.

9 — Tapisserie verdure animée de paons et oiseaux, au fond un château, une église, etc. — H. 2^{m}8o ; L. 2^{m}22.

10 — Tapisserie verdure avec château-fort, animée de paons, etc. — H. 2^{m}83 ; L. 2^{m}4o.

11 — Tapisserie verdure animée de volatiles et d'oiseaux. — H. 2ᵐ40 ; L. 2ᵐ17.

12 — Tapisserie verdure avec animaux, oiseaux, volatiles, etc. — H. 2ᵐ54 ; L. 2ᵐ97.

13 — Tapisserie verdure avec château-fort, animée d'oiseaux, accompagnée de sa bordure. — H. 2ᵐ50 ;
L. 2ᵐ87.

14 — Tapisserie verdure avec château-fort, animée
d'oiseaux. — H. 2ᵐ41 ; L. 2ᵐ25.

15 — Portière en tapisserie verdure avec héron. Bordure
à ornements et fleurs. — H. 2ᵐ80 ; L. 1ᵐ43.

16 — Tapisserie ancienne représentant des personnages
offrant des présents à une reine assise sur un trône.
Bordure en partie ancienne.

17 — Tapisserie ancienne représentant Persée et Andro-
mède. Bordure à fleurs.

18 — Tapisserie verdure. Bordure en partie ancienne.

19 — Belle Tapisserie représentant au premier plan
un groupe de six personnages faisant de la musique ;
à droite un seigneur causant avec une grande dame
s'approche du groupe principal ; à gauche un faucon-
nier apporte des oiseaux. Au deuxième plan on
aperçoit une chasse au faucon avec perspective de
jardin et de château. Large Bordure à médaillons,
figures allégoriques, fruits et fleurs. Epoque de la
Renaissance. — L. 4ᵐ80 ; H. 3ᵐ55.

20 — Belle Tapisserie représentant des animaux chi-
mériques, licornes, griffons et des cerfs, chevaux,
sangliers, éléphants, etc., dans un parc avec des co-

lonnes à cariatides de femmes. Au premier plan en bas des personnages faisant de la musique et jouant avec des animaux. Epoque Renaissance. — L. 4^{m}5o ; H. 3^{m}3o.

21 — Grande et belle Tapisserie représentant Théramène annonçant la mort d'Hippolyte à Thésée, en présence de Phèdre. Composition de sept personnages dans un paysage avec un temple grec. Belle Bordure à figures, cariatides, fruits, fleurs et rinceaux, en haut un cartouche avec inscription : PERCIPIT HIPPOLYTI MORTEM CRVDELIS AMARAM THESFVS ET GLADIO PHÆDRA PEREMPTA IACET. — L. 3^{m}2o ; H. 3^{m}45.

22 — Tapisserie représentant un campement animé de nombreux petits personnages. Au premier plan, un sujet représentant une femme amenant ses deux enfants à un vieillard qui l'accueille. Belle Bordure à figures allégoriques, cariatides, vases de fleurs et fruits. Epoque Renaissance. — L. 2^{m}6o ; H. 3^{m}35.

23 — Grande Tapisserie représentant un Roi vaincu se jetant aux genoux du vainqueur et implorant sa clémence. Au fond les deux armées sont en présence. Très belle et large Bordure offrant des groupes allégoriques, des vases de fleurs et de fruits. Epoque Renaissance. — L. 3^{m}25 ; H. 3^{m}45.

24 — Tapisserie représentant un Sacrifice antique. Composition de dix figures dans un paysage. Bordure à figures allégoriques à la musique, oiseaux, vases de fleurs et fruits. Epoque Renaissance. — L. 3^{m}1o ; H. 3^{m}45.

25 — Tapisserie représentant l'Entrée triomphale d'un Roi vainqueur, dans une grande ville, au milieu d'une multitude de personnages. Large Bordure fond rouge, décorée de médaillons, de figures, de lions et d'attributs guerriers. Epoque Renaissance. — L. 4^{m}70; H. 3^{m}5o.

26 — Tapisserie représentant une Bataille avec nombreux cavaliers et soldats. Bordure en haut et sur les deux côtés représentant des figures allégoriques, des vases de fleurs et de fruits. Epoque Renaissance. — L. 4^m; H. 3^m.

27 — Tapisserie représentant Hercule combattant l'Hydre de Lerne. Bordure représentant des satyres, des sirènes, des fleurs et des fruits. Epoque Renaissance. — L. 4^{m}45; H. 4^{m}2o.

28 — Tapisserie représentant la Multiplication des pains. Epoque Renaissance. — L. 3^{m}55; H. 2^{m}7o.

29 — Tapisserie représentant des animaux dans des paysages. Epoque Renaissance. — L. 4^m; H. 2^{m}6o.

3o — Tapisserie d'Aubusson représentant une chasse — L. 2^{m}o5; H. 3^{m}o5.

31 — Autre Tapisserie d'Aubusson formant le pendant de la précédente. — L. 2^{m}o5; H. 3^{m}o5.

32 — Tapisserie représentant les Pèlerins. D'après Le Titien. xviie siècle. — L. 2^{m}3o; H. 2^m.

33 — Portière en tapisserie d'Aubusson, à petits personnages.

34 — Morceau de tapisserie d'Aubusson représentant un paysage.

35 — Devant de cheminée en ancienne tapisserie d'Aubusson représentant des oiseaux aquatiques.

MARBRES

36 — Beau Groupe en marbre : la Jeunesse de Mathurin Moreau. — H. 0m78.

37 — Très beau Buste en marbre blanc : Jeune Femme avec coiffure et costume de style Louis XVI.

38 — Joli petit Groupe en marbre blanc : Vénus et l'Amour, de BRACONY.

39 — Beau Buste en marbre : Diane.

40 — Statuette en marbre : Vénus et l'Amour, par A. CARRIER.

41 — Statuette en marbre : Phryné.

42 — Très beau Lampadaire en bronze doré, supporté par une statue de femme, en marbre.

MEUBLES, OBJETS D'ART
BRONZES

43 — Très bel Ameublement de salon, style Louis XVI, composé d'un Canapé, deux Bergères, deux Fauteuils et deux Chaises, en bois sculpté et doré, couverts en velours de Gênes, fond mordoré, dessin à arabesques de fleurs et feuillages polychrome. Avait été fourni par la *Maison Kriéger*.

44 — Bel Ameublement de salon, même style, même modèle, bois sculpté et doré, couvert en lampas fond rouge, dessin grisaille : Groupes d'amours, médaillons et animaux. Avait été fourni par la *Maison Kriéger*.

45 — Écran en bois sculpté et doré, avec panneau en soie rouge, ornée d'applications et d'un écusson : Lion, surmonté d'une couronne de baron. Style Louis XIV.

46 — Console élevée sur quatre pieds, en bois sculpté et doré, bandeau à guirlandes de fleurs et chaînettes à rosaces, dessus en marbre blanc. Style Louis XVI.

47 — Très belle Garniture de cheminée, en bronze ciselé et doré. Style Louis XVI. La Pendule forme vase à cadran tournant, avec socle à bas-relief, est élevée sur un contre-socle ou terrassement et de chaque côté se détachent un groupe allégorique : La

Comédie se démasquant pour rendre hommage à Pomone. Les Candélabres sont formés de groupes de nymphes drapées et d'amours portant des bouquets à neuf lumières.

48 — Très intéressant Rétable, en bois sculpté, représentant en haut-relief la Mort de la Vierge. Composition de quatorze personnages, les apôtres et les saints debout ou agenouillés, l'entourent. Les costumes et les chaires sont rehaussés de peinture. xvie siècle. Le rétable est placé dans un cadre avec fronton finement sculpté à jour.

49 — Divinité Birmane et ancienne, en bois sculpté et noir, rehaussé de vestiges de dorure, sur un socle garni de glaces.

50 — Meuble à huit étagères en bois de Chine s'ouvrant dans le milieu à porte pleine avec figure de chinois en bas-relief et dans le bas une petite réserve à porte pleine, dans le haut un animal fantastique en bronze.

51 — Table en bois noir de Chine à deux tiroirs ornée d'un petit plat en ancien émail cloisonné, décor fleurs et branchages avec animal fantastique en bronze sur le côté.

52 — Ecran rond en glace orné d'un paon, cadre en bois de Chine et posant sur socle forme ronde en bois de Chine, partie gravée et ornée de mascarons et de motifs en bronze.

53 — Deux Potiches avec couvercles en porcelaine de Chine fond blanc, décor oiseaux, fleurs, branchages en polychrome.

54 — Pouf à deux coussins en velours de Gênes, fond crème, dessin à fleurs en polychrome.

55 — Petit Cartel en argent, de l'Empire. Travail anglais.

56 — Statuette d'Amour, en marbre blanc, socle en marbre rouge.

57 — Statuette de Baigneuse, en pierre.

58 — Buste de Femme. en pierre, d'après CLODION.

59 — Deux statuettes d'Enfants, en bois sculpté et doré.

60 — Écran en bois sculpté et doré Louis XVI.

61 — Diverses pièces en bronze.

62 — **Alix** (signé et daté 1867). Fleurs encadrant un sujet religieux.

63 — **Ecole française** (xviiie siècle). Sujet allégorique.

64 — Pendule style Louis XV. en bronze doré, à figures d'amours, cadran signé LEROY, à Paris.

65 — Table carrée en marbre onyx d'Algérie, monture en bronze doré inspiré de la Renaissance.

66 — Guéridon en marbre onyx, monture bronze doré.

67 — Paire de cornets en émail cloisonné, monture en bronze doré.

68 — Jolie petite Pendule en marqueterie de Boule, garnie de bronze. Époque Louis XIV.

69 — Paire de Candélabres en jaspe grenat d'Orient, garnis de têtes de satyres et de guirlandes de vigne, avec bouquets de roses à cinq lumières en bronze ciselé et doré. Style Louis XVI.

70 — Vase en spath-fluor sur socle en porphyre oriental, monture bronze doré. Style Louis XV.

71 — Grande Cheminée monumentale, en noyer ciré et sculpté, rehaussée d'or par parties. Les montants sont formés de grosses colonnes, le bandeau est orné d'un cartouche et le trumeau, forme ovale, renferme une console pour supporter une œuvre de sculpture. Elle offre de chaque côté des trophées héraldiques avec gerbes de lauriers suspendues par des nœuds de rubans. Au-dessous de la corniche se dessine un cartouche à écusson orné de gerbes de laurier.

72 — Grande Cheminée en chêne sculpté, trumeau orné d'une grande glace biseautée et cintrée.

73 — Grande Plaque de cheminée ancienne, décor aux armes de France.

74 — Paravent en bois sculpté avec panneau à figures et ornements. XVIᵉ siècle.

75 — Corniche en noyer sculpté.

76 — Grande Verrière, style Renaissance.

77 — Deux petits Vitraux suisses.

78 — Quatre Émaux peintures en polychrome : Scènes de la Passion.

79 — Piétement de croix en bois sculpté. XVᵉ siècle.

80 — Groupe en bois sculpté. xvᵉ siècle: Le Couronne-
ment.

81 — Groupe en bois sculpté. xvᵉ siècle : Le Baiser de
Judas.

82 — Six Dossiers de sièges en cuir de Cordoue.

83 — Statuette en bronze : Le futur Avocat de HENRY
PLÉ. Édition de *Barbedienne*.

84 — Groupe en bronze : Chiens en arrêt. de P. E. D.
MÈNE.

85 — Groupe en terre cuite : La Charité de VALMITJANA.

86 — Billard en palissandre verni avec tous les accessoires.

87 — Garniture de Cheminée en marbre blanc.

88 — Pendule en bronze doré, surmontée d'un sujet en
bronze.

89 — Cartel en bronze doré style Louis XVI.

90 — Groupe en bronze : Chevaux avec charrue.

91 — Cheval en bronze.

92 — Groupe équestre en bronze.

93 — Groupe en bronze : Enfants pêcheurs.

94 — Figurine en bronze : le Joueur de flûte.

95 — Groupe en bronze : Enfants vendangeurs.

96 — Groupe en bronze : le Repos.

97 — Figurine en bronze : Femme à l'oiseau.

98 — Buste en bronze : Michel-Ange.

99 — Statuette en bronze : l'Été.

100 — Groupe en bronze : l'Amour maternel.

101 — Statuette en bronze : la Pêcheuse de moules.

102 — Garniture de cheminée, en bronze doré et marbre blanc, composée d'une Pendule et deux Candélabres.

103 — Belle Console en bois d'amarante, à dessus de marbre blanc, de style Louis XVI; la ceinture, marquetée de fleurs, est garnie d'une moulure à oves en bronze, et le tiroir est orné d'un motif de rinceaux feuillagés en bronze ciselé et doré; elle pose sur quatre pieds cannelés de cuivre, reliés par une entrejambe supportant un brûle-parfums. Travail de la *Maison Dasson*.

104 — Console en bois sculpté et doré, de style Louis XV, à dessus de marbre blanc.

105-106 — Deux Meubles, à hauteur d'appui, décor vernis genre de Martin.

107 — Fausse Cheminée en bois sculpté rehaussé d'or, style Louis XV.

108 — Meuble Secrétaire, en bois sculpté, offrant en léger relief de nombreux sujets variés; il est orné de poignées et d'entrées de serrures en cuivre poli et repercé; les montants, feuillagés, sont surmontés de statuettes d'enfants.

109 — Meuble Crédence, en bois sculpté gothique, surmonté d'un entablement à panneau central armorié, couronné par une galerie sculpté à jour et ornée aux extrémités de figures de lions assis.

110 — Prie-Dieu en bois de noyer sculpté Louis XV.

111 — Commode en marqueterie de bois à fleurs et insectes, surmontée d'une glace mobile. Travail hollandais.

112 — Commode Louis XV en bois sculpté, ornée de bronzes.

113 — Deux grandes Tables en bois sculpté, Louis XIII, à pieds tors.

114 — Grande Stalle en bois sculpté, ornée dans le haut d'une galerie sculptée à jour.

115 — Deux Fauteuils en bois sculpté Louis XIII, recouverts en point de Hongrie, avec bras tournés par des crosses feuillagées.

116 — Fauteuil Louis XIII, en noyer sculpté, recouvert en cuir peint et gaufré.

117 — Deux Chaises à hauts dossiers, en bois sculpté, Louis XIII.

118 — Grande Chaise en bois laqué, décor Chinois, foncée de canne.

119 — Escabeau en bois sculpté, à dossier cintré, orné de cariatides de femmes.

120 — Trois Escabeaux à dossiers sculptés.

121 — Deux Panneaux en bois sculpté, personnages en relief.

122 — Banquette en chêne recouverte en velours, à fleurs bleues.

123 — Pendule d'applique Louis XIV, avec socle en marqueterie de cuivre, ornements en bronze.

124 — Bronze de CLÉSINGER. Le Taureau romain.

125 — Bronze de CLÉSINGER. Le Taureau vainqueur.

126 — Pendule en vernis Martin, décor à fleurs en couleur, sur fond vert, ornée de bronzes. Epoque Louis XV.

127 — Console Louis XV en bois sculpté laqué, peint en blanc, à rehauts d'or. Dessus de marbre.

128 — Ecran avec panneau en soie, orné d'applications en broderies soie et argent. Louis XIII.

129 — Statuette de chinois, en bois sculpté, assis dans une stalle en laque rouge rehaussée d'or.

130 — Paire de jolies Cassolettes en émail peint, décor à fleurs, en couleur, sur fond blanc, monture en argent.

131 — Deux Supports trépieds en fer forgé.

132 — Support à quatre pieds en fer forgé à fleurs et rinceaux.

133 — Grande Lampe-Suspension d'église en cuivre, avec ornements et têtes de chérubins, supportées par trois cariatides d'enfants.

134 — Petite Suspension d'église en cuivre.

135 — Trois Bissacs et cinq Sacs en tapis oriental.

136 — Deux Panneaux de tenture en étoffe d'Orient.

137 — Beau Dessus de lit ou Tapis de table et deux
Bandeaux en satin crème ornés de broderies en cou-
leurs représentant des fleurs et des ornements.

138 — Cinq Cadres en bois sculpté.

139 — Buste en marbre.

140 — Deux Flambeaux.

141 — Jeu d'échecs.

PORCELAINES EUROPÉENNES

MINIATURES, BIJOUX, OBJETS DE VITRINE

142 — Deux Chiens en vieux Saxe.

143 — Chien en vieux Saxe.

144-146 — Trois Groupes en ancienne porcelaine de
Saxe.

147-148 — Deux Groupes en vieux Saxe : Les Amou-
reux.

149 — Figurine en vieux Saxe, représentant un Turc.

150 — Joli Vase en vieux Saxe, orné d'un bouquet de
fleurs.

151 — Deux Vases avec couvercles, en ancienne porcelaine de Saxe.

152 — Vase en vieux Saxe, monture ancienne en bronze.

153 — Beurrier en ancienne porcelaine de Sèvres.

154 — Vase en vieux Saxe.

155 — Deux petits Portraits, avec cadres en bois sculpté.

156 — Plateau en pierre de larre.

157 — Boîte en vieux Chantilly.

158 — Boîte en agate, monture en or.

159 — Etude du temps de Louis XVI.

160 — Petite Cuillère de pharmacie, au chiffre de Marie-Antoinette, en piqué d'or.

161 — Petit Flacon en cuivre doré Louis XV.

162 — Médaille en buis sculpté.

163 — Figurine de Saxe.

164 — Service de forme octogonale en ancienne porcelaine de Chine, famille rose, décoré d'oiseaux, de rosaces et de fleurs, composé de : Une Soupière avec Couvercle et Plateau, un Plat creux, une Saucière avec Plateau, treize Assiettes creuses, trente-quatre Assiettes plates.

165 — Quatre Raviers en vieux Chine, décor de crabes et bande verte.

166 — Dix Assiettes en ancienne porcelaine de Chine, décor à personnages dans des paysages, bordure à réserves de fleurs et paysages.

167 — Quatre belles Assiettes en vieux Chine, famille rose, décor de fleurs, bordure à lambrequin.

168 — Trois belles Assiettes en vieux Chine, décor à paysages, marines, bordure à fleurs.

169 — Quatre Assiettes en ancienne porcelaine de Chine, famille rose, décor et bordure à fleurs.

170 — Trois grands Plats en vieux Japon, décor à fleurs et paysage.

171 — Plat creux en ancienne porcelaine du Japon, décoré au centre d'un paysage et en bordure de cartels de fleurs.

172 — Paire de Vases en vieux Japon, décoré sur la panse de lambrequins en rouge et or, bordure à grecques, le col à palmes.

173 — Grand et beau Vase en vieux Japon, décoré en rouge et or de pagodes dans des paysages.

174 — Deux Salières sur piédouche, en porcelaine du Japon, décorés de pagodes et de paysages.

175 — Deux Soucoupes en Japon, décor à corbeilles de fleurs.

176 — Assiette creuse, en porcelaine du Japon, décor à bandes quadrillées, fond saumon et vase de fleurs.

177 — Six grandes Assiettes, en vieux Japon, décorées de vases fleuris, bordure à fleurs.

178 — Cinq Assiettes, en porcelaine du Japon, décorées au centre d'une rosace en bleu et rouge, entourée de fleurs.

179 — Onze Assiettes, en vieux Japon, décor à personnages, balustrades et fleurs, bordure à réserves de fleurs et de paysages.

180 — Trois Assiettes, en ancienne porcelaine du Japon, décor à rosaces et branches fleuries.

181 — Six Assiettes, en porcelaine du Japon, décor à fleurs et oiseaux.

182 — Une Assiette, en porcelaine de Chine, famille rose, décor à fleurs.

183 — Deux autres Assiettes, en même porcelaine, décorées de poissons et de fleurs.

184 — Cinq belles Assiettes, en vieux Chine, décor à fleurs, bordure fond bleu, à réserves de fleurs sur fond blanc.

185 — Saucière avec plateau, en vieux Chine, fond quadrillé, à cartels décorés de personnages.

186 — Grande Coupe, en porcelaine de Chine, décorée de médaillons à personnages, de fleurs et d'insectes, bordure à scènes familières. Riche monture en bronze doré.

187 — Sucrier, Tasse et Soucoupe, en porcelaine de Chantilly, décor de fleurs, d'oiseaux et d'insectes.

188 — Trois Tasses et quatre Soucoupes, en porcelaine du Japon.

189 — Théière, Cafetière et Bol, en porcelaine du Japon.

190 — Un Pot à lait, un Sucrier, cinq Tasses et quatre Soucoupes, en porcelaine du Japon.

191 — Bol avec Tasse et Soucoupe, en porcelaine de Chine.

192 — Paire de Vases à quatre faces, en ancien Wedgwood, décorés, en relief, sur chacun des côtés, de figures d'amours, allégories aux Saisons.

193 — Jolie petite Broche, en or et émail, ornée de petites perles et d'une miniature peinte en grisaille, par De Gault, représentant une Offrande à l'amour.

194 — Bague ancienne, dite Semaine, enrichie de sept brillants.

195 — Belle Gouache représentant les Portraits à la mode du xviiie siècle.

196 — Grande et belle Miniature ovale : Portrait de Femme pinçant de la mandoline, inspirée de Leprince.

197 — Grande Miniature rectangulaire sur ivoire : Portrait de la Reine Marie-Antoinette assise dans le parc de Trianon.

198 — Miniature ronde sur ivoire : Portrait de Femme à cheveux bouclés.

199 — Miniature ronde : Portrait d'Homme en costume de la Révolution.

200 — Miniature ovale : Portrait d'Homme en officier du temps de Louis XVI.

201 — Miniature rectangulaire : Portrait de jeune Femme, d'après Chaplin.

202 — Miniature : Portrait de Femme avec bouquet de roses au corsage et dans les cheveux.

203 — Miniature représentant : les Charmes comparés.

204 — Miniature du xvie siècle, provenant d'un Missel.

205 — Tasse en vieux Saxe fond violet.

206 — Divers petits Objets de vitrine.

207 — Miniature ronde : Portrait de jeune Femme en costume du premier Empire, se promenant dans un parc, un livre à la main.

208 — Miniature ronde : Portrait de Mlle de Lambèse.

209 — Miniature ovale : Portrait de Mme Louise de Savoie, née de Carignan, princesse de Lamballe.

210 — Miniature ronde : Portrait de jeune Femme en costume de la Révolution.

TABLEAUX, DESSINS, PASTELS

211 — **Allongé**. Etude (Fusain).

212 — **Breughel**. — David après le meurtre de Goliath.

213 — **Canaletti**. Vue du grand Canal à Venise.

214 — **Canaletti**. Vue de Sainte-Marie-Majeure.

215 — **Delierre**. Poules (Etude).

216 — **Deshayes**. Nymphes et Amours célébrant Bacchus.

217 — **Van Dyck** (D'après). Eau-forte. Avant la lettre.

218 — **Fromentin** (Attribué à). Arabe conduisant son cheval à la main.

219 — **David de Heem**. Fruits et Accessoires sur une table.

220 — **Huguenin.** Sous Bois (Fusain).

221 — **Huysmans de Malines.** Entrée de Forêt. Site montagneux avec figures.

222 — **Pierre de Laar.** Halte de Bohémiens près de monuments en ruines.

223 — **Lajoue.** Vue de Parc avec pièce d'eau, animé de figures.

224 — **Lalanne.** Étude (Fusain).

225 — **Leprince.** Danse au clavecin. Intérieur Louis XVI.

226 — **Mazzuolo** (Francesco) dit le Parmesan (Attribué à). Mariage mystique de Sainte Catherine.

228 — **Mallet.** La Présentation.

229 — **Moreau** (Louis). Vues de Parcs avec figures. (Deux charmants tableaux.)

230 — **Muller** (D'après Carl). Sortie de l'Église, place Saint-Marc, à Venise. (Oléographie. Cadre sculpté.

231 — **Omméganck** (École de). Paysages avec animaux. (Deux pendants.)

232 — **Packza.** La Consultation. (Dessin signé et daté.)

233 — **Schall.** Les Appas multipliés. (A été gravé.)

234 — **Van Gorp.** Jeune Femme en costume Louis XVI, jouant avec un chat.

235 — **Van Loo** (Carle). Dame lisant une lettre.

236 — **Vigée-Lebrun** (Mme). Portraits des Enfants de France. (Cadre en bois sculpté.)

237 — **Vestier.** La Partie de musique.

238 — **Watteau** (École de). Portrait du comédien Poisson, de la Comédie-Française.

239 -- **Wille.** La Leçon de dessin.

240 — **Zorg** (Attribué à). Scène d'intérieur flamand.

241 — **Ecole française.** Portrait de Anne-Marie de Bourbon, duchesse de Mortemart, fille de Louis XIV. (Pastel).

242 — **Ecole française.** Portrait de Mme de Bargy.

243 — **Ecole française.** Portrait de Femme, e costume du xvie siècle.

244 -- **Ecole française.** Le Sommeil de l'Innocence.

245 — **Ecole française.** Allégories aux Arts (quatre dessus de porte en grisaille). Cadres en bois sculpté.

246 — **Ecole hollandaise.** Le Marché conclu.

247 — Suite de dix jolis et importants Panneaux décoratifs, représentant des Personnages dans des paysages.

248 — Suite de quatre Gravures par Smith, Middimann, Woollett et Lespinière, représentant des paysages d'après Zuccarelli, Berghem et Claude Lorrain.

249 -- Gravure avant la lettre, par Massard, d'après Van Dyck : la Famille de Charles Ier.

250 — Tableaux et Objets non catalogués.

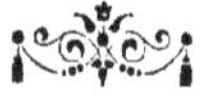

www.ingramcontent.com/pod-product-compliance
Ingram Content Group UK Ltd.
Pitfield, Milton Keynes, MK11 3LW, UK
UKHW031711170726
13836UKWH00001B/174